숲에
가면

—

나도

—

시인

숲에 가면 나도 시인

숲에 가면 누구나 시인이 됩니다
**숲은 이미 우리 안에서 시가
되어 흐르고 있기 때문입니다**

✦

황호림
시집

책나무출판사

| 서문 |

숲에서 피어난 말들

나는 오랫동안 숲의 품에 안겨 살아왔습니다.
때로는 거친 바람을 피하는 피난처였고,
때로는 생명의 활기를 얻는 에너자이저였습니다.
그 숲에서 들꽃들과 보낸 25년의 시간은 풀과 나무의 이름을 아는 것
보다 그들의 속삭임을 듣는 일이 더 어렵다는 것을 깨닫게 했습니다.

아무리 완벽한 과학의 언어도,
이름 없는 풀잎 하나의 미세한 떨림까지 담아낼 수는 없습니다.
그 떨림은 말이 아닌 시가 되어야만 비로소 온전히 읽힙니다.
그때 깨달았습니다.
숲은 과학의 영역이 아니라, 언어의 고향이라는 것을.

이 시집 『숲에 가면 나도 시인』은
학자의 눈이 아닌 사람의 눈, 나무의 눈으로 본 세상의 기록입니다.
왕자귀나무 잎맥에서, 노루귀 솜털에서
나는 생명의 무게와 그 섬세한 떨림을 배웠습니다.

있음이란

그저 자라나는 일이 아니라

서로의 숨결을 조용히 나누는 일임을 알았습니다.

시 속 들꽃과 나무, 바람과 빛은

나의 벗이자 스승이었습니다.

그들이 가르쳐준 것은

삶의 질서이자 존재의 언어였습니다.

숲에 가면 누구나 시인이 됩니다.

숲은 이미 우리 안에서

시가 되어 흐르고 있기 때문입니다.

2025년 가을, 무등산 아래

황호림

| 목차 |

| 서문 | 숲에서 피어난 말들 · 4

1부 + 들꽃의 언어

복수초 · 10 / 노루귀 · 12 / 얼레지 · 14 / 산자고 · 16 / 뻐꾹나리 · 18 /
각시붓꽃 · 20 / 입술망초 · 22 / 개별꽃 · 24 / 물매화 · 26 / 큰방울새란 · 28 /
해오라비난초 · 30 / 자란 · 32 / 지네발란 · 34 / 금새우난초 · 36 / 솔나리 · 38 /
타래난초 · 40 / 한계령풀 · 42 / 유홍초 · 44 / 노란별수선 · 46 / 나도수정초 · 48

2부 + 나무의 초상

히어리 · 52 / 함박꽃나무 · 54 / 자목련 · 56 / 동백 · 58 /
애기동백 · 60 / 단풍 · 62 / 녹나무 · 64 / 노각나무 · 66 /
목서향에 취해서 · 68 / 능소화 · 70 / 야광나무 · 72 / 왕자귀나무에게 · 74

3부 ✦ 순환의 숲

하나님 감사합니다 · 78 / 생명 · 80 / 바람이 전하는 말 · 82 / 기다림 · 84 /
숲의 축복 · 86 / 자연은 위대한 화가 · 88 / 숲, 나의 스승 · 90 / 혼숲 · 92 /
달팽이 · 94 / 꽃비를 맞으며 · 96 / 꽃쟁이는 사디스트 · 98 /
나만의 비밀 정원 · 100 / 봄날 우리의 비밀 정원 · 102 /
숲으로 출근하는 남자 · 104 / 엉겅퀴와 제비나비 · 106

4부 ✦ 추억의 숲길

고들빼기들의 아우성 · 110 / 포리똥 · 114 / 나 이런 곳에 살고 싶소 · 116 /
출근길 · 118 / 햇볕은 쨍쨍 · 120 / 숲길의 천국 · 122 / 세량지 · 124 /
차마고도 옥룡설산 · 126 / 아! 백두산 · 128 / 들꽃교실 · 130

| 후기 | 숲은 언제나 답을 알고 있다 · 134

복수초

경계의 빛 아래
차가운 흙을 깨뜨리며
황금빛 꽃의 수호자들,
겨울 숲에 속삭임을 놓는다.

얼음장 밑 숨결이 퍼지고
설련화처럼 고개 드는 너는
두터운 눈 속에서도 반짝여
새해 첫 희망을 불러낸다.

구슬땀 맺힌 꽃잎 하나가
숲길에 은은한 교향을 더하면
곤충들의 노래가 불을 지펴
침묵을 깨뜨리는 찰나.

작은 거인,
네 속의 독을 녹여
차가운 계절에
작열하는 불꽃이 된다.

식물이야기 **복수초**
Adonis amurensis

미나리아재비과의 여러해살이풀이다. 겨울의 끝에서 금빛으로 타오르며, 차가운 계절에 희망을 밝히는 첫 불꽃이 된다.

노루귀

2월의 땅속에서
세포벽이 터지는 소리

눈 밑 5센티미터,
뿌리털들이 모래를 밀어낸다

보랏빛 꽃받침 여섯 장,
고이 접힌 종잇장처럼
햇빛을 간직하며 피어난다

Hepatica asiatica—
학명이 추위에 떨고 있을 때
너는 이미
봄의 최초 증인이었다

솜털 달린 잎자루,
25년 전 내가 처음 만진
생명의 무게
아직도 손끝에 남아 있다

식물이야기 **노루귀**

Hepatica asiatica

미나리아재비과의 여러해살이풀이다. 겨우내 깊은 낙엽 아래에서 숨죽여 기다리다 이른 봄, 가장 먼저 꽃을 피우는 작은 존재이다. 노루의 귀를 닮은 보드라운 솜털은 추위와 싸워 이겨낸 따뜻한 생명의 흔적을 담고 있다.

얼레지

봄비 속삭임 속에
숲 가장자리에서 피어난
보랏빛 전령, 얼레지여.

이슬 머금은 아침엔
수줍게 고개 숙이고
정오 햇살 속에선
첫사랑 빛으로 빛나고.

석양 물든 뒤엔
꽃잎이 자유로운 춤을 추며
하늘 끝에서
봄의 마지막 인사를 건네고.

밤바람 스치는 자리
긴 그림자 아래
은은히 남은 보랏빛 향기가
내 가슴 깊이 머문다.

식물이야기 **얼레지**

Erythronium japonicum

백합과의 여러해살이풀이다. 봄 숲 가장자리에 피어난 보랏빛 전령. 아침 이슬을 머금고 수줍게 고개를 숙였다가 햇살이 쏟아지면 활짝 젖혀진 꽃잎으로 하늘을 향해 춤을 추는, 봄의 아름다운 순간을 노래한다 꽃말은 '바람난 여인'이다.

산자고

봄 숲 가장자리
여린 꽃 한 송이
은빛 그리움처럼
피어난 산자고.

바람에 떨리는 결마다
그녀의 숨결 스며들고
아득한 사연이
입 맞추듯 흩어지고
꽃잎 위 붉은 점 하나,
말 못 한 상처의 진실.

오늘도 이 산길을 지날 때
하얀 결이 별빛처럼 반짝이면
천 년 전 그리움이
목소리 되어 되살아난다.

식물이야기 **산자고**

Ornithogalum umbellatum

백합과의 여러해살이풀이다. 봄 숲 가장자리에서 은빛 그리움처럼 피어나는 하얀 별 모양의 꽃. 일찍 피는 무릇이라 하여 '까치무릇'이라고도 불린다. 바람에 흔들리는 꽃잎에는 천 년의 이야기가 스며 있는 듯하다.

뻐꾹나리

숲의 깊은 어둠 속
비밀의 우표처럼
하얀 꽃송이 하나
날아와 붙는다.

여섯 겹 꽃잎 위
보랏빛 점들이
뻐꾸기가 수놓은 가슴털 깃고
꽃술과 암술은
물결 위에 돋아난 분수수관.

곤추선 암술 하나마다
숲의 습기를 머금고
모종의 메시지를 기다리며
바람조차 숨죽인다.

내 발걸음 가까워지면
뿌리 깊은 침묵이 울리고
지상의 모든 비밀은
이 한 송이 꽃에 깃든다.

식물이야기 **뻐꾹나리**
Tricyrtis macropoda

백합과의 여러해살이풀이다. 숲의 깊은 그늘 속, 보랏빛 반점이 깃든 꽃잎은 마치 뻐꾸기의 가슴털을 닮았다. 비밀의 우표처럼 하얀 꽃송이 하나가 날아와 붙으면, 숲의 모든 비밀이 이 한 송이 꽃에 깃든다.

각시붓꽃

뒷동산 오르면,
갓 시집온 새색시처럼
작은 꽃잎을 모은 네가
수줍은 미소로 인사한다.

아침 이슬 머금은
자줏빛 꽃대 위
햇살이 금빛 실을 놓으면
속삭임이 숲에 번져간다.

옮겨 심으면 시드는
여린 생명, 들꽃 각시붓꽃—
제자리에서만 피어나는
흙 내음 속 작은 축복.

봄바람 불어올 때
너의 속삭임은 더 선명해져
"여기서 오래 피어라"
내 마음을 두드린다.

식물이야기 **각시붓꽃**
Iris rossii

붓꽃과의 여러해살이풀이다. 뒷동산에 오르면 갓 시집온 새색시처럼 수줍게 미소 짓는 작은 꽃. 자줏빛 꽃잎의 섬세한 자태는 옮겨 심으면 시들고, 제자리에서만 피어나는 순수한 아름다움을 간직하고 있다.

입술망초

초록 잎새 틈마다
연분홍 입술망초 하나
여인의 속삭임을 닮아
바람결에 그리움 실린다.

햇살 내려앉은 오솔길
이슬방울 금빛으로 맺힐 때
흙 내음 머금은 작은 꽃이
조용히 마음을 깨운다.

벌이 살짝 내려앉아
꽃잎에 입맞춤할 때
지친 발걸음 멈추고
온기가 번지는 순간.

계절 끝자락에 다시
새 꿈을 피우며
겸손한 그대의 미소가
위대한 아름다움 된다.

식물이야기 **입술망초**
Mazus pumilus

현삼과의 한해살이풀이다. 초록 잎새 틈에 숨어든 연분홍 입술 모양의 작은 꽃. 가까이 다가서야 비로소 그 미세한 아름다움을 발견할 수 있다. 소박하고 겸손한 미소로 지친 마음을 위로하는 위대한 존재이다.

개별꽃

도시 밤하늘 숨은 별 한 송이
도데의 꿈이자 윤동주의 그리움
내 마음에 마법을 건다.

스치는 시선 멈춘 곳
낙엽 덮인 숲속에서
어머니 품 닮은 작은 꽃송이
내 가슴속 별로 피어난다.

하얀 꽃잎 다섯 갈래
끝 오목하게 젖혀진 채
노란 꽃밥의 붉은 점이
작은 보석으로 반짝인다.

어둠 속 땅 위 별 하나가
조용히 빛을 나누면
숨 가쁜 도시 가슴에도
잠시 평화가 머문다.

식물이야기 개별꽃

Pseudostellaria heterophylla

숲에 자라는 석죽과 여러해살이풀이다. 낙엽 덮인 숲속에서 떨어진 별처럼 피어나는 하얀 꽃. 다섯 갈래로 갈라진 꽃잎 끝의 오목한 모양과 노란 꽃밥의 붉은 점은 작은 보석처럼 반짝인다.

물매화

가을 언덕 위
순백의 별 하나 내려앉아
햇살로 빚은 이슬이 반짝이고
그대, 물매화여.

다섯 꽃잎 사이
꽃밥을 연지 곤지로
한껏 단장히고
하늘을 향해 속삭인다.

심장 모양 잎사귀 아래
겸손히 고개 숙인 그대는
흙빛 겹옷을 벗어던지고
별빛만 두른 듯 빛난다.

꽃 앞에 무릎 꿇고
내 마음에도
오래된 사랑 하나
고결히 피어난다.

식물이야기 물매화

Parnassia palustris var. multiseta

물매화과의 여러해살이풀이다 심장 모양의 잎사귀 아래 겸손하게 고개 숙인 모습은 흙빛을 벗어던지고 오직 별빛만 두른 듯 고결한 아름다움을 뽐낸다. 꽃밥이 붉은 것을 '립스틱물매화'라 부르기도 한다.

큰방울새란

축축한 산자락 땅에
수줍은 발자국 하나 새겨지고,
분홍빛 꽃송이가
종소리로 습지를 흔든다.

가녀린 줄기 위
진홍빛 비밀 하나 매달리고
바람에 살랑 흔들리는
작은 침묵의 노래.

눈 밝힌 이만이
한참 머물러야 볼 수 있는
깊은 숲 가장자리
한 송이 보랏빛 꿈.

큰방울새란
바람결에 울리는
고요한 종소리—
존재의 작은 축복.

식물이야기 **큰방울새란**
Pogonia japonica

난초과의 여러해살이풀이다. 축축한 산자락, 습한 풀밭에 피어난 분홍빛 꽃송이. 바람에 살랑 흔들릴 때마다 고요한 종소리를 울리는 듯하다. 눈 밝힌 이만이 볼 수 있는 깊은 숲속, 작은 축복의 존재이다.

해오라비난초

안개 속 습지 숲에서
하얀 날개 펼친 너는
연못 위 달빛 한 조각처럼
고요히 숨 쉬는 존재.

은은한 향기를 뿜으며
바람 없이 내려앉아
질척한 이끼 사이에서도
고난의 힘을 간직한다.

가녀린 몸짓으로
안개 속 꺾이지 않고
묵묵히 피어 있는 너—
작지만 위대한 생명.

식물이야기 **해오라비난초**

Habenaria radiata

습지에 자라는 난초과의 여러해살이풀이다. 안개 낀 습지 숲에서 순백의 날개를 펼친 채 고요히 숨 쉬는 존재. 질척한 이끼 사이에서도 꺾이지 않는 고난의 힘을 간직한, 작지만 위대한 생명이다. 멸종위기 2급 식물이다.

자란(紫蘭)

바닷가 해풍 속
둥근 알뿌리 감춘 채
세로 주름진 푸른 잎새가
자줏빛을 고요히 드리운다.

오월 언덕마다
여섯 꽃송이 살포시 고개 숙이고
지천이던 '자란 밭'의 기억은
바람결에 조용히 스러지고

암벽 틈 위태로운 자리
남녘 햇살에 숨결을 실어
한 송이 꽃으로 빛난다.

다시 피어날 너를 위해
우리 발걸음은
조용히 그 자리를 지키리.

식물이야기 자란

Bletilla striata

난초과의 여러해살이풀이다. 바닷가 해풍을 맞으며 암벽 틈새에 피어나는 붉은 보라색 꽃. 위태로운 자리에서도 남녘 햇살에 숨결을 실어 한 송이 빛으로 피어나는, 고고한 자태를 자랑한다.

지네발란

바위틈 움켜쥔 알뿌리
푸른 지네 몸짓으로 기어올라
사철 푸른 두 줄 잎새로 감싸안고
하늘과 바람 사이 살아간다.

한여름 초록 잎겨드랑이마다
연분홍 꽃망울 수줍게 맺히고
밤비 지나면 흠뻑 젖어
다시금 푸른 숨결을 되찾는다.

그러나 욕망의 손길 스치면
삶의 터전은 흔적 없이 부서지고
멸종 위기 그늘 아래
위태로운 너의 마지막 숨결.

산신 같은 거목 줄기 틈에
부디 다시 피어나기를 바라며
언제나 기다리며
작은 생명을 지키리라.

식물이야기 **지네발란**

Pelatantheria scolopendrifolia

난초과의 상록성 난이다. 나무나 바위틈 이끼 위에 뿌리를 내리고 지네처럼 기어오르며. 한여름에 연분홍 작은 꽃이 피는 멸종위기 2급 식물이다.

금새우난초

이른 봄 숲 그늘 아래
한국의 '갈라파고스'
가거도 독실산 숲에
노란 불빛이 가만히 스며든다.

두툼한 새잎 위에
겨울의 흔적을 전하고
묵은 잎사귀는 살며시
흙으로 돌아간다.

숲 바닥 염주 같은 마디
옆으로 길게 이어져
노란 꽃대 스무 송이가
계곡 바람에 종소리 울린다.

고요한 산중 작은 별빛
금빛 꽃잎 바람에 반짝이며
온 숲에 퍼지는 울림이
생명의 축복을 노래한다.

식물이야기 **금새우난초**

Calanthe sieboldii

숲속 땅 위에서 자라는 난초과 여러해살이풀이다. 염주 모양의 땅속줄기는 오랜 시간을 견뎌온 흔적을 보여주고, 노란 꽃대는 바람에 흔들리며 생명의 축복을 노래한다.

솔나리

소나무 잎사귀처럼 가녀린 줄기
칠월 연분홍 꽃망울 고개 숙여 터질 때
바람결에 가녀린 춤을 피운다.

하늘도 땅도 아닌 옆을 향해
세상 구석을 품은 너는
나비의 쉼터 되어
흔들려도 꺾이지 않는 생명.

백두대간 높은 능선 위
외로운 자태로 선 너에게
산바람이 전하는
절묘한 생명의 노래가 있다.

가장 높은 자리에서도
가장 낮은 숨결로 피어나는
솔나리여, 겸손한 기품으로
험준한 세상에 꽃을 피운다.

식물이야기 **솔나리**

Lilium cernuum

백합과의 여러해살이풀이다. 소나무 잎처럼 가늘고 곧은 줄기 끝에 연분홍 꽃이 아래로 고개를 숙이는 겸손한 꽃. 백두대간의 높은 능선 위에서도 가장 낮은 숨결로 피어나 험준한 세상에 아름다운 꽃을 피운다.

타래난초

잔디밭 한복판에서
가느다란 줄기 하나
분홍빛 비틀어 올리며
햇살 아래 나선을 그린다.

꼬인 것이 곧은 것보다
더 멀리 닿는 진리를 품고,
바람에 흔들려도
뿌리는 굳건히 제자리 지킨다.

하늘만 바라본 채
매듭 하나씩 풀어낼 때마다
어제가 오늘이 되고
오늘이 내일을 부른다.

돌아가는 길이야말로
가장 빠른 지름길임을—
타래난초 나선 따라
삶의 비밀이 풀려간다.

식물이야기 **타래난초**

Spiranthes sinensis

난초과의 여러해살이풀이다. 잔디밭 한가운데서 가느다란 줄기를 비틀며 나선을 그리는 분홍빛 꽃. 꼬인 것이 곧은 것보다 더 멀리 닿는다는 진리를 품고, 바람에 흔들려도 뿌리는 굳건히 제자리를 지킨다.

한계령풀

별빛 머금은 새벽 세 시
태백 능선 찬 숨결 속에
스물다섯 해 발자국을 따라
첫 만남의 설렘이 피어난다.

노란 얼굴 내민 비탈에서
눈금처럼 쌓인 잔설 헤치고
병아리 떼 같은 작은 꽃송이
사월의 아픔을 노래한다.

메감자 알뿌리마다
소박한 뿌리 속 강인함 깃들고
고요한 산정 바람 속에도
숨결처럼 되살아난다.

잔설 사이 반짝이는 별빛—
사월의 보석이 된 너,
한계령풀의 작은 몸짓이
내 가슴에 영원히 빛난다.

식물이야기 한계령풀

Gymnospermium microrrhynchum

매자나무과 여러해살이풀이다. 태백산, 오대산 등 고지대 숲에서 무리 지어 자라며 4월의 아픔을 노래하는 노란 꽃. 잔설 사이에서 반짝이는 모습은 마치 사월의 보석처럼 영원히 빛난다.

유홍초

담장 위 공작의 깃결처럼
푸른 레이스 잎새 펼치며
수줍은 꽃송이 작은 별 되어
여름 햇살 속 은하수로 빛난다.

어린 왕자의 B-612 별에서
온 듯 붉은 별무리 하루를 품고
순간의 꿈만 남긴 채 사라져
덧없는 깜박임이 더 선명하다.

한밤 작은 등불 되어 깜빡일 때
잎사귀 우주선에 마음 실어
비밀의 정원 너머로 날아
별나라를 향한 여행을 시작한다.

식물이야기 **유홍초**

Ipomoea quamoclit

메꽃과의 덩굴성 한해살이풀이다. 담장 위로 공작의 깃처럼 섬세한 잎을 펼치고 붉은 별 모양의 꽃을 피우는 덩굴식물. 하루만 피었다 지는 덧없음이 오히려 더 찬란한 아름다움을 남긴다.

노란별수선

바다 내다보이는 숲길
은은히 스미는 해풍 속
노란 촛불 닮은 꽃잎이
이른 아침 조용히 빛난다.

지아비를 기다리는 염원의 불빛이
잠시 열리고 지는 별빛처럼
흐린 날엔 하루 종일
황금빛 조명을 비춘다.

진도 언덕 바람결 위
작은 등불 한 송이로
평안의 기원을 속삭이며
오늘도 고요히 피어난다.

식물이야기 **노란별수선**

Hypoxis aurea

노란별수선과 여러해살이풀이다. 바다 내음 스미는 숲길에서 조용히 빛을 내는 노란 별 모양의 꽃. 지아비를 기다리는 염원의 불빛처럼 흐린 날에도 황금빛 조명을 비추며 평안의 기원을 속삭인다.

나도수정초

음습한 숲 그늘 아래
축축한 낙엽 위로 번진
푸른 정령의 눈빛 하나
내 심장에 깊이 스민다.

죽음의 비늘을 입고 선 채,
고개 숙인 수정의 심장
태고의 침묵을 간직하며
숲의 비밀을 수호한다.

빛을 거부하는 연금술사
그늘과 맺은 은밀한 약속이
가장 어두운 곳에서 빛을 찾아
영혼의 문을 조용히 연다.

나 또한 그 비밀에 머물러
숲과 하나 되어 숨 쉬노니
푸른 눈빛처럼 견고한
영원의 합일이 된다.

식물이야기 | **나도수정초**

Monotropastrum humile

수정난풀과의 여러해살이 부생식물이다. 스스로 광합성을 할 수 없어서 땅속 곰팡이와 협력하여 썩은 나뭇잎이나 동물의 사체에서 나오는 영양분을 얻는다. 태고의 침묵을 간직하며 숲의 비밀을 수호하는 존재이다.

2부
나무의 초상

히어리

봄바람에 달린 황금빛 꽃 귀걸이
고요한 숲에 참된 봄은 너로부터 시작된다.
찢긴 바위틈 숨결 머금은 너는
온대림 품에 영원을 약속한다.

땡그랑 금빛 소리 울릴 듯
얇은 꽃잎에 빛을 머금어 반짝이고
무령왕비 꿈 깃든 옛 귀걸이는
천 년 선 백제처럼 빛난다.

자연 예술의 혼을 닮아 핀 너
옛 장인의 숨결이 스며든 너는
아리송한 이름 속에 흐르는
시간을 넘어 깨어난 예술이다.

히어리여, 너의 꽃송이 하나가
이 땅의 영원한 숨결 되어
우리 가슴에 금빛으로 박히고
참된 봄은 네 안에서 시작된다.

식물이야기 **히어리**

Corylopsis glabrescens var. *gotoana*

조록나무과의 낙엽 관목이다. 이른 봄, 가지에 늘어져 피는 노란 꽃은 마치 금빛 귀걸이처럼 바람에 흔들린다. 천 년 전 백제의 무령왕비 꿈이 깃든 듯, 아리송한 이름 속에 흐르는 시간을 넘어 깨어난 예술과 같다.

함박꽃나무

겨울 고요 뚫고
갈색 비늘 속에서
맹아의 속삭임이 피어난다.

순백 꽃잎은
서로를 비추는 거울 되어
붉은 수술과 눈부신 파티를 열고
너덜바위 위에
딜빛 서린 향기를 흩뿌린다.

고개 숙인 자태는
겨울과 봄 사이의
가장 겸손한 다리.

인위 없는 번짐,
수묵화 같은 향이
누군가의 첫 기억을
살며시 두드린다.

소란 너머
꺼지지 않는 그대의 빛

봄을 여는

진짜 불꽃.

식물이야기 **함박꽃나무**

Magnolia sieboldii

목련과의 낙엽 소교목이다. 순백의 꽃잎 안쪽에 붉은 수술이 도드라지는 목련과의 나무. 초여름 숲에 은은한 향기를 퍼뜨리며, 고개 숙인 모습은 겨울과 봄 사이의 가장 겸손한 다리가 된다.

자목련

봄날 햇살 머금은
연분홍 속살 꽃잎은
회백 수피 품에 감겨
어머니의 미소 닮았다.

진한 자줏빛 겉과
연한 자주 속살이
종 모양 살포시 열리고
바람에 향기 실린다.

아담한 키에도
당당히 하늘을 향해
성급한 기다림 속
평화의 씨앗 품는다.

꽃잎 하나 떨어져
흙 위 새겨지는 슬픈 사랑—
모든 어머니의 마음처럼
조용히 남는다.

식물이야기 **자목련**

Magnolia liliflora

중국 원산의 목련과 낙엽 관목이다. 진한 자주색 겉과 연한 자주색 속살이 조화를 이루는 꽃. 아담한 키에도 당당히 하늘을 향해 피어나며 평화의 씨앗을 품고, 떨어진 꽃잎 하나는 흙 위에 새겨지는 슬픈 사랑의 흔적을 남긴다.

동백

붉은 꽃송이들,
겨울 바다 위로 붓질하듯
강렬한 선 하나를 긋는다.

동박새의 여린 부리 끝에
스며든 겨울의 꿀맛.

연분홍 꽃술이 떨릴 때
찬바람이 살며시 다가와
꽃잎 하나하나
소리 없이 흙으로 녹아든다.

눈부신 붉음은
조용한 붉은 비로 흩뿌려지고.

푸른 잎사귀만
혹한의 어둠 지켜내며
핏빛 봉오리의
엄숙한 약속을 품는다.

아무 꽃잎도 남기지 않은 채

겨울 침묵 속에서
붉음은 뿌리 깊이 잠들어
새싹의 꿈으로 깨어난다.

식물이야기 동백나무
Camellia japonica
차나무과의 상록 소교목이다. 한겨울, 혹한의 어둠 속에서도 붉은 꽃을 피우는 상록수. 꽃이 통째로 툭 떨어지는 모습은 절개와 비극적 아름다움을 동시에 품고 있다. 눈부신 붉음은 고요한 붉은 비가 되어 다시 흙으로 돌아간다.

애기동백

혹독한 겨울바람이
내 볼을 할퀴어도
눈보라 속에서
나의 심장은 붉게 타오른다.

가지 끝 눈결 속에
선명한 붉음 하나,
차가운 숨결에 스며든 용기가
얼어붙은 대지를 녹인다.

모든 꽃이 무너진 숲에서
나는 고요히 서서
적막을 붉은 심장으로 채우며
겨울 숲 한가운데서 춤춘다.

이 차가운 시간은
내가 빛나는 순간.

식물이야기 **애기동백**

Camellia sasanqua

일본 원산의 차나무과 상록 관목이다. 혹독한 겨울바람 속에서도 붉은 심장을 태우듯 꽃을 피워내는 '차가운 용기'를 상징하는 나무. 모든 꽃이 무너진 숲에서 홀로 고요히 서서 적막을 채우고 춤을 춘다.

단풍

가을비 그치자
담쟁이덩굴이
담장 위에 불꽃을 긋고
산자락마다
붉은 심장을 드러낸다.

생강나무, 팥배나무
노란 잔을 들어 올리듯
햇살빛 한 모금 품고
환히 웃고
팽나무 가지마다
황금빛 속삭임 깃든다.

발목 아래 바람결에
달빛처럼 스치는 낙엽 소리
옆집 아줌마는
빨랫줄에 붉은 속살을 널어놓고 웃는다.

파도처럼 밀려드는 색들의 물결
내 안에도 붉은 혁명을 일으키고
푸른 바다 위에 내려앉은 단풍처럼

소나무의 흔들림 없는 숨결이
내 마음 깊은 곳을 어루만진다.

식물이야기 **담쟁이덩굴**
Parthenocissus tricuspidata
포도과의 낙엽 덩굴나무로, 도시의 담벼락을 휘감아 오르는 강한 생명력을 지닌다. 흡착근으로 벽을 타며, 계절마다 초록·붉음·갈색으로 변한다.

녹나무

천 년의 숨결을 품은
굳건한 푸름 하나
계절 옷 갈아입어도
변치 않는 그리움.

윤기 도는 잎새마다
장뇌향이 깃들어
바람 불 때마다
기억의 문을 두드린다.

땅속 깊은 뿌리는
눈 하나 깜짝 않고
시간의 파도를 견디며
하늘 품에 솟아오른다.

바람에 실린 향기로
문득 열린 오래된 꿈—
잊힌 이야기들이
빛으로 되살아난다.

식물이야기 **녹나무**

Cinnamomum camphora

녹나무과의 상록 교목이다. 윤기 도는 잎과 줄기에서 장뇌향이 난다. 천 년을 살아도 변치 않는 굳건한 푸름은 남녘 숲의 생명력과 불멸을 상징하며, 바람에 실린 향기는 오래된 꿈의 문을 열어준다.

노각나무

얼룩진 껍질에 뺨을 대면
비단결 같은 숨결이 전해지고
여름날 하얀 동백꽃처럼
수줍게 눈부시게 피어난다.

깊은 숲 계곡 가장자리에서
은은한 향기 하나 품고
가을 햇살 아래 붉은 난풍잎처럼
찬란한 자태를 드러낸다.

겨울엔 빈 가지 위에도
하얗게 스민 고요한 윤곽만으로
사계절 변치 않는 기품을
바람 속에 은은히 새긴다.

네 고요한 사계의 몸짓이
내 안에 작은 숲을 깨우니
그 속에 숨은 비밀스러운 숨결이
영원한 나의 계절로 남는다.

식물이야기 **노각나무**

Stewartia koreana

차나무과의 낙엽 교목이다. 붉고 매끈한 수피가 비단결 같은 숨결을 전하고, 여름에는 하얀 동백을 닮은 꽃을, 가을에는 붉은 단풍을 피우며 사계절의 기품을 온몸으로 보여준다.

목서향에 취해서

가을 시월 들꽃 잠든 밤
서늘한 기온 속 스며드는
달빛 숲을 채우는 목서향.

구골목서, 민낯 소녀 같아
청초한 설렘으로 다가와
옷깃에 머무르면 온종일
포근함을 선사하고
퇴근길 지친 마음 달랜다.

금목서의 진한 매혹은
달무리 여인의 숨결 같아
때로는 옷깃을 털어내게 할 만큼
깊고 화려한 유혹.

계수목 전설 깃든 향기,
명품 향수로 피어나
따스한 잔에 실린 꽃잎 숨결이
풍류 한 잔으로 빚어진다.

가을밤 신비로운 향에 취해

목서향에 취해
나도 자연 속으로
천천히 스며든다.

식물이야기 금목서

Osmanthus fragrans var. *aurantiacus*

중국 원산의 물푸레나무과 상록 관목이다. 금목서만의 독특한 향은 흉내 내기 어려운 신비한 향으로 평가받고 있으며, 유명한 샤넬 No.5 향수의 재료 중 하나로 알려졌다.

능소화

궁녀의 그리움 품고
능氏 성 따라 피어난
주홍 꽃잎 한 송이
여름하늘을 부른다.

덩굴빨판으로 기어
담장 넘어 세상 향해
뜨거운 불꽃처럼
하늘을 열정으로 벗긴다.

팔월 장맛비 속에도
빗방울 적신 잎사귀 위
붉은 화염은 더욱 선명히
타오르는 불꽃이다.

동백처럼 목을 떨구고
흐트러짐 없는 자태를 유지하며
비극의 몸짓 안으며
찬란히 진다.

식물이야기 **능소화**

Campsis grandiflora

능소화과의 낙엽 덩굴나무이다. 담장을 타고 오르며 여름에 주홍빛 꽃을 폭포처럼 피워낸다. '궁녀의 그리움'이라는 전설이 깃든 것처럼, 뜨거운 열정으로 하늘을 향하지만 동백처럼 목을 떨구며 찬란하게 진다.

야광나무

봄날 눈송이 같은
하얀 꽃잎 만발해
달빛 스며든 밤이면
은은히 빛을 펼친다.

막걸리 잔 사이로
달콤 쌉싸름한 온기
꽃잎 위 취기처럼 번져
말없이 숲을 노래한다.

벌과 나비 부르는
향기 은밀히 스며들고
혹독한 추위에도 꿋꿋이
따스함을 전한다.

이 밤, 별과 나란히
빛나는 그대 모습은
숲길의 조용한 연주
영원히 가슴에 남는다.

식물이야기 **야광나무**

Malus baccata

장미과 낙엽 소교목이다. 밤에도 꽃이 빛나는 듯한 순백의 꽃을 피우는 나무. 달빛 스민 밤, 은은한 향기를 퍼뜨리며 길손을 유혹한다.

왕자귀나무에게

새의 깃털 닮은 잎새 위
비단실 풀어놓은 흰 꽃빛이
하늘에 은빛 별자리를 수놓을 때
네 자태는 고요한 기적이었다.

메마른 땅 한 모퉁이서
뿌리 끝으로 생명을 나눠주며
밤낮 없이 견딘 푸름 하나는
어제와 오늘을 잇는 다리였다.

오십 년의 생,
잎새마다 햇살을 품었으나
결국 빛을 잃은 네 마음은
차가운 그늘 아래 머물렀다.

땅속 깊이 남긴 가느다란 뿌리
스러진 너의 흔적 위에서
다시 돋아날 내일의 희망을
이 메마른 세상에 속삭인다.

식물이야기 **왕자귀나무**

Albizia kalkora

콩과의 낙엽 소교목이다. 부드러운 깃털 모양의 잎과 흰빛 꽃이 인상적인 희귀식물이다. 이 메마른 세상에 생명을 나눠주며 희망을 속삭이는 듯한 나무다. 필자가 이 나무를 연구하여 임학 석사와 박사 학위를 받았다.

3부

순환의 숲

— 숲, 윤리, 기다림 —

하나님 감사합니다

풀과 꽃과 나무마다
별자리 하나씩 스며든 듯한 우주.

까마귀머루 하나 깨물면
달큼한 신맛이 혀끝을 스치고
구실잣밤나무 열매 고소함이
입속 별무리로 부서진다.

손끝으로 나무껍질을 헤치면
천 년의 나이테들이
살포시 손바닥에 내려앉고
계곡 물소리가
심장 박자를 이끈다.

바람이 잎맥을 흔들 때마다
숨결이 뒤섞여
풀과 나무와 내가
한 곡의 교향악을 연주한다.

거대한 합창 속

작은 개미 한 마리,
그대 얼굴처럼
나뭇잎 사이로 드리운
은은한 빛의 잔향.

모든 생명 안에 깃든
투명한 리듬과
그대 이름의 무게에
깊이 감사드립니다.

태백산

생명

씨앗 하나
어둠을 뚫고
말없이 올라선다.

흙의 온기를 삼킨 뿌리
떨리며 씨앗은
무너진 콘크리트 틈새에
노란 새싹을 밀어 올리고.

돌아갈 길 없이
멈출 이유 없이
오직 위로, 앞으로
꽃봉오리가 말을 걸 때까지.

한 번도 본 적 없는
푸른 하늘을 꿈꾸며
자신의 무게를 짊어지고
숨죽인 대지 위로 솟구친다.

가장 작은 몸에 담긴
거대한 비상(飛翔).

콘크리트 틈새에 자라난 망초

식물이야기 망초
Conyza canadensis

북아메리카 원산의 국화과 두해살이풀이다. 들판의 빈터, 황무지 및 경작지 주변에 크게 무리를 지어 자라는 귀화식물이다. 강한 생명력의 상징이다.

바람이 전하는 말

세상의 소음이
아득한 높이를 넘어
작은 풀씨 하나를 싣고
옥상 5층 틈새에 내려앉았다.

차갑고 황량한 콘크리트 심장에도
흙의 기운이 깨어나듯
하얀 뿌리 하나가 뚫고 나와
연둣빛 잎 하나를 빌어 올린다.

입술에 닿은 바람이 속삭인다
"여기, 작아도 살아 있구나."
풀씨는 대답하듯
몸으로 전하는 생명의 언어를 건넨다.

금 간 틈새에 선
한 점의 연둣빛 앞에서
나는 다시 숨을 고른다.

바람이 심은
한 글자, 희망.

바람에 실려와 옥상에 싹이 튼 바랭이

식물이야기 바랭이

Digitaria ciliaris

길가와 경작지 및 빈터에 자라는 사초과 한해살이풀이다. 이 식물은 땅 위를 기면서 자라며 줄기의 마디에서 새 뿌리가 나와 빠르게 번식하여 농작물과 영양분을 경쟁하는 특성 때문에 '잡초의 대명사'로 불린다.

기다림

윤달·공달이란
인간이 만든 감옥일 뿐
우리 시계는
해의 온기와 바람의 노래
비 첫 입맞춤에 맞춰진다.

"아직 꽃이 피지 않았다니…"
그대 한숨이
피어날 준비된 봉오리에
작은 떨림으로 닿을 때
조급함은 잔잔해진다.

봄바람이 살결을 어루만지고
햇살이 가만히 감싸면
꽃들은
인간 손길 닿지 않는 깊은 시간 속에서
하얀 날개를 펼치리라.

그대가 맞춰야 할 발걸음은
단 한 번의 개화 순간
자연의 시간,

기다림 속에서
스스로 피어나는 꽃.

함박꽃나무

숲의 축복

숲에 들어서면
소나무와 숨결이 얽히고
뿌리처럼 내 심장에도
푸른 생명이 타오른다.

솔바람이 첼로 줄을 켜고
계곡 물줄기는 북소리처럼
매미는 은빛 플루트를 불며
내 안에 울림을 남긴다.

거친 껍질 틈새에서
오랜 생명의 온기가 전해지고
여린 쑥부쟁이 향기가 번지며
몸 구석구석 촉촉이 스며든다.

고개 숙여 땅속을 보면
작은 야생화가 눈 맞춤 하며
속삭인다—
"여기, 네 존재의 이유가 있다".

마지막 햇살이 숲을 비추고

나는 비로소 품에 안겨
영원히 숲과 하나 되어
여민 축복이 된다.

계곡의 매미꽃

자연은 위대한 화가

지난밤 비바람이 내리친 창
아침엔 온통 불현듯 터진 원색들—
아직 마르지 않은 물감들이
세상에 번져 있다.

겨울 숲,
먹물 한 방울 번진 화선지처럼
나뭇가지마다 스며드는 고요
보이지 않는 붓질이 지나간다.

한낮의 여름,
팔레트 위 초록의 소용돌이
덧칠과 덧칠로 숨 막히게 짙어진 생명
손끝에 묻은 초록이
내 옷깃까지 물들인다.

가을 숲길,
발밑의 바스락이는 크레용 파편들
누군가 힘껏 흘린 색의 조각들이
바람에 춤춘다.

나는 오늘도 걷는다.
이 끝없는 작업실을 통과하며
때론 모델이 되고
때론 물감이 되어
자연의 손끝에 담긴 채.

고창 선운사

숲, 나의 스승

봄 숲길에 들어
생강나무 꽃향기를 가득 들이쉬면
톡톡 터지는 연둣빛 잎새가
온몸에 생기를 일깨운다.

여름 아침, 솔잎 이슬방울이
조용히 풀잎을 두드리고
뒤이어 쏟아지는 소나기가
묵은 시름을 말갛게 씻어낸다.

가을 단풍 속 붉은 열매 하나가
마음 빛을 물들이면
겨울 눈밭 로제트가 속삭인다—
"삶은 계절 넘어 희망".

지친 날엔 숲의 너른 품에
한 걸음 내디디면
숨 고르는 쉼표 하나 찍히고
나는 다시 나를 만난다.

해남 달마산

혼숲

혼자 숲에 들어
비를 온몸으로 맞을 때
우산 없이 받아치는 빗줄기에
숨결마저 조용히 씻긴다.

캄캄한 밤,
별빛 한 줌 길 위에 남기면
걸음마다 스치는 잎사귀 속삭임이
귓가의 풍경을 깨운다.

메마른 여름,
땀방울 아래 매미 울음이
육신의 열기를 눌러줄 때
맨발로 느낀 대지의 온기가
내 안에 불꽃을 지핀다.

숲길 끝에 다다르면
한 걸음마다 바람·빗물·별·흙이
한 몸이 되는 순간—
숨결 하나가 긴 호흡 되어
숲과 나를 완성한다.

달팽이

등허리에 집 하나 지고
천천히 길을 그리는 너
속도를 모르는 지혜로
세상의 무게를 품는다.

무거워질 때면
은빛 자국 남기고
홀로 찾은 비밀 은신처에서
풀잎 위 이슬을 음미한다.

집 없이도 걷는 민달팽이처럼
마지막 껍데기를 벗어던지고
맨몸으로 닿는 흙의 온기
가벼움이 주는 충만함을 누린다.

느림 속에 깃든 자유—
아무것도 소유하지 않아도
삶은 완전하다
네가 남긴 발자국처럼.

진정한 집시, 달팽이

꽃비를 맞으며

꽃비 내리는 숲길
허공 가르는 꽃잎 하나하나
속삭임에 실려 와
인생의 눈부심을 노래한다.

햇살은 금세 그림자를 남기고
기쁨은 이내 추억으로 흩어져도
지금 이 순간의 꽃잎 무리
온몸에 선명히 새겨진다.

흐르는 시간을 붙잡아
네 마음이 꽃잎 되어
잠시라도 머무는 기적
바람 따라 춤추게 하리.

숲의 합창 속, 너와 내가
꽃비로 내린 영원을 듣고
이 봄날, 꽃비가
우리 마음에 영원을 내린다.

꽃쟁이는 사디스트

흰 수의를 두른 복수초 위
서터는 눈보라 되어 내리고
꽃잎 떨림은
연민과 폭력 사이를 오간다.

찰나의 찬란함을 가두는 일은
아름다움에 난 칼날을 세우는 의식
프레임 속에 숨결을 가두는
조용한 폭력.

우린 꽃 앞에 서서
순례자도 학대자도 아닌
사랑과 욕망의 끝에
멈춰 선 자.

꽃쟁이는 누구인가—
경계 위에 서서
아름다움의 그림자를
응시하는 자.

꽃샘추위로 설중화가 되어 버린 변산바람꽃

나만의 비밀 정원

속삭임 하나가
안개 속 푸른 문을 두드리면
발걸음은 저도 모르게
축축한 이끼 길로 스며든다.

문이 열리듯 펼쳐진 곳
모든 시간이 숨 고르는 꽃밭
이슬 머금은 꽃잎들
내 어깨 위에 살포시 내려앉는다.

햇살 깃든 미소가
어두운 속내를 꺼내어
빛으로 재봉해 주면
내 마음 가득 들꽃 한 송이 핀다.

지도 밖 저 하늘 아래
날갯짓 가벼운 새들이
귓가에 오래된 노래를 부르고
바람은 그 후렴을 속삭인다.
여기가 어디든
비밀은 지킬 테니

내 안 가장 깊은 동굴에
찬란히 빛나는 정원을 심는다.

식물이야기 앵초

Primula sieboldii

산지의 계곡 주변, 시냇가, 습지 등의 햇빛이 비교적 잘 들고 습기가 충분한 곳에서 자라는 앵초과 여러해살이풀이다. 꽃은 5월에 피는데 붉은 보라색 또는 드물게 흰색이다.

봄날 우리의 비밀 정원

안개 속에 열린 정문을 지나면
올괴불이 입 맞춘 듯 붉은빛이 퍼지고
흐린 하늘 아래 현호색이
작게 미소 짓는다.

바람에 살며시 흔들리던
꿩의바람꽃 세 송이를
손끝으로 어루만지면
달콤한 생강나무 향이 번진다.

길마가지나무 가지 끝에 걸린
연둣빛 봉오리가
"잠시 머물러라" 속삭이며
내 발걸음을 머문다.

이곳에선
모든 생명이 말없이 손짓하고
내 마음도 꽃잎 하나 남겨두고
조용히 환히 피어난다.

식물이야기 **꿩의바람꽃**

Anemone raddeana

산지의 숲 아래 습한 곳에 자라는 미나리아재비과 여러해살이풀이다. 뿌리줄기에서 나온 잎과 경엽이 꿩의 발톱 모양과 비슷하다는 점에서 붙여진 이름이다.

숲으로 출근하는 남자

첫눈 내린 운동장에 남긴
내 발자국 설렘 가슴에 담고
깃털 단 발걸음으로
숲길 문을 연다.

무거운 일상의 매듭 풀고
열기구 떠오르듯 가벼운 마음으로
진눈깨비 밟는 맨발의 기쁨
고요가 발소리를 안아준다.
나는 숲이 되어
바람 숨결이 귀를 간질이면
나뭇잎 떨림에 마음 울리고
모든 소리가 언어로 깨어난다.

매일 아침, 설레는 숨결로
숲으로 향하는 이 길은
나에게 삶의 시작이자
영원히 잊지 못할 노래다.

햇살이 쏟아지는 숲길

엉겅퀴와 제비나비

회색 하늘 아래
가시 속 보랏빛 꽃 하나
은밀히 향을 피워 올리니
한 줄기 바람이 날아간다.

제비나비 날개 끝이 닿은 자리
엉겅퀴는 가시 뒤꽃을 펼쳐
숨겨둔 부드러움을 비추고
서로의 숨결을 나눈다.

상처로 뒤덮인 언덕 위
가시와 날개 사이에 스민
찬란한 조용함—
모순의 빛이 피어난다.

엉겅퀴와 제비나비

고들빼기들의 아우성

바람 부는 날
노란 잎자루 끝마다
고들빼기들, 망원렌즈 너머
비틀리는 초점 속에서
자신의 목소리를 찾는다.

손끝에 번진 초조
꽃이 되어 본 순간
너의 기너린 몸짓도
바람 앞에서 무너졌으리라.

"멈추라."
"그대로 있어라."
잎맥 따라 퍼지는 속삭임이
바스락 바스락 귓가를 울린다.

바람 잔 오후엔
웃음이던 꽃들이
오늘은 고개를 돌리고
어두운 내면을 가린다.

언제부턴가인가
너도 울기 시작했다.
렌즈 앞에 선 노란 고들빼기에
묻어난 건
스러진 계절들의 넋.

꽃잎 하나하나가
바람을 견디는 이들
흔들릴 때마다
침묵을 깨고 울어대는
작고 높은 아우성.

잠시 바람이 멈추면
고들빼기들은 고개를 든다.
투명한 하늘 아래
그 떨림이
내 가슴에 닿는다.

포리똥

포리똥 빨갛게 익는 날
무논에 쟁기질 하시는
아버지가 부르시네,
"막걸리 좀 받아 오니라."

천 원짜리 구겨진 돈,
헐렁한 바지에 찔러 넣고
양은 주전자 들고 나섰네.

5리 길 신작로,
맨발로 고무신 질질 끌며
한 모금, 또 한 모금,
달콤 쌉싸름한 시간.

솔 폭에 숨어 있는
까투리 울음소리도 두렵지 않던 그날,
열 살 뺨이 포리똥처럼
빨갛게 달아올랐지.

주전자를 든 손이
생각보다 가벼워,

덧없는 여름날
아버지 등 뒤로 스며든 햇살.

신작로에
내 남은 발자국마다
익어가는 포리똥,
시간의 달콤함으로.

뜰보리수

나 이런 곳에 살고 싶소

이곳에 살고 싶소—
계절이 내 숨결을 스며드는 마당.

봄,
이슬 맺힌 밭에서
손끝 흙알로 희망을 심고
새소리로 눈뜨는 아침.

여름,
담쟁이 그늘 아래
땀방울 식히는 막걸리 한 모금
햇빛 닿은 푸성귀들의 속삭임.

가을,
논두렁에 붉어진 오곡백과
호미 자국 속 이야기꽃 피우며
손수레엔 마지막 알곡과 한 권의 책.

겨울밤,
바흐 선율이 낮게 울리는 방
아랫목 이불 속 숨결 기대며
촛불 그림자에 스며든 평화.

출근길

아침 공기, 차갑게 들이켜는 숨
회색 도시의 메아리 속
어제의 노란 편지 하나가
발걸음을 멈추게 한다.

떨리는 손끝 위
단풍잎 한 장
살아온 계절들의 무게를
가볍게 녹여내며.

딱딱한 서류 가득한 가방 속
살며시 감춘 가을 한 줌
가슴 속 우물은
조용히 물결을 일으키고.

이제 내 출근길은
회색에서 황금으로
나만의 작은 혁명을 시작한다.

발길을 붙잡는 보도블록에 위 낙엽

햇볕은 쨍쨍

햇볕은 쨍쨍, 바람은 살랑
울엄니 너른 마당 고추들이
태양 입맞춤에 바삭 익어갈 때
여름이 한껏 부풀어 오른다.

화산이 품은 고요한 연못처럼
연밭은 숨죽인 풍경화
순백의 백련은 침묵으로 빛나고
붉은 가시연은 열정으로 타오른다.

고요한 물결 위로 스며든 햇살이
우리 그림자조차 빛의 춤으로 물들이니
푸른 하늘 아래 너와 내가
여름의 노래를 입맞춘다.

연꽃 하나가 수면 위에서
조용히 눈을 떠 올리듯
우리 마음속에도
이 순간의 빛나는 들숨이 깨어난다.

고추를 말리기 좋은, 어느 8월 오후

숲길의 천국

연둣빛 잎새가 터질 듯 반짝이고
발밑 제비꽃·현호색이 비밀 축제를 열면
계곡 물소리와 산새 합창이
청량한 오케스트라 되어
내 몸은 숲의 숨결에 녹아든다.

여름날 흐르는 구슬땀조차 달콤하고
꽃무릇이 불꽃처럼 피어나는 숲은
가을비에 금빛을 더해
풀잎 끝 빗방울이 심장을 멎게 한다.

칼바람 스며든 빈 가지 사이
하얀 침묵이 나를 감싸도
다람쥐 까만 눈동자 하나 마주치면
다시 혼자가 아님을 깨닫는다.

겨울 숲 눈길 따라 깊이 들어갈 때
사계절의 흔적이 길이 되어 이어지고
홀로 걷는 이 길은
내 작은 천국이 되어
나의 모든 계절을 머물게 한다.

영광 불갑산

세량지

안개 자욱 물안개 속
나무와 산새 숨 고르고
연분홍 벚꽃 그림자와
소나무 반영이 거울 된다.

햇살 스며든 수면 위로
몽환의 풍경 하나 떠오르고
발길 멈춘 고요의 절정에
또 다른 세계가 숨 쉰다.

꽃 피고 단풍 들고
눈으로 덮여도 변치 않는
사계절의 은은한 얼굴이
삶의 풍경을 비춘다.

화순 세량지

차마고도 옥룡설산

아스팔트 길 위 마방의 방울 대신
자동차 소음이 울리는 차마고도
빛바랜 풍경 속 매캐한 먼지에
옛 꿈의 환상이 숨겨진다.

만년설 사라진 바위 봉우리
하늘 닿을 듯했던 은빛 용자태는
석산이 된 설산 아래
허탈함만 바람에 실려 머문다.

호도협 물가 붉은 흙탕물이
협곡을 포효하듯 울부짖을 때
"산천의구"라 믿던 그 이름도
떠돌이 바람에 흩어져 사라진다.

눈 감아도 들려오는 강물 소리—
실망 뒤에도 흐르고 있음을
변치 않는 것은 오직 물살뿐
오늘도 그 길 위를 떠도는 나.

중국 운남성

아! 백두산

자작나무 숲을 벗어나
수목한계선 너머 펼쳐진
야생화 초원을 밟고
천사백사십이 계단을 오른다.

천지 푸른 물결 속에
광개토대왕의 함성 울리고
민족의 숨결 번지는 그곳에서
가슴 벅찬 감격이 흐른다.

연노랑 산용담 물결과
장백폭포의 은빛 장엄이
열 시간 산행의 지침마저
맑게 씻어내는 천상의 샘이다.

뒤돌아보니
차가운 계곡물 한 모금이
내 가슴 깊이 스며들어
다시 백두의 꿈을 일깨운다.

백두산 천지

들꽃교실

교실에선 고개가 끄덕끄덕
현장에선 내 발이 뒤뚱뒤뚱.

"이게 뭔 꽃인가?"
돌아서면 가물가물
그만둘락 했더니만
들꽃교실 중독이네.

단톡방 사진 보며
"아이쿠야, 후덜덜덜"
카메라값 알아본 날엔
눈앞이 캄캄하더라.

밤길 헤치며 별빛산행
손전등 불빛 아래
한 송이 꽃 이름 외우니
내 안에 봄이 움튼다.

지리산 들꽃산행
흙냄새·이슬방울·숨결까지
온몸으로 새겨지고

배움이 꽃이 되어 피었네.
들꽃 한 송이 품은 맘이
지친 날을 단번에
따뜻하게 녹인다네.

현장 실습 중인 '들꽃교실' 동학들

| 후기 |

숲은 언제나 답을 알고 있다

숲길을 걸을 때마다 나는 배운다.
꽃은 이름을 묻지 않고 피어나고,
바람은 자신을 자랑하지 않으며 불어간다.
나무는 서두르지 않고 하늘을 향해 선다.

그 단순한 진리를 잊고 사는 것이 인간이다.
그러나 숲은 늘 같은 목소리로 속삭인다.
"천천히 가라.
한 그루의 나무처럼, 한 송이의 꽃처럼."

이 시집은 그 속삭임의 기록이다.
숲에서 배운 삶의 언어,
그 겸손한 시간의 노트를 모아놓았다.

나무와 풀, 바람과 물,
그리고 그 속에서 살아가는 사람들.
모두가 내게 스승이었다.

그들의 언어에 귀 기울일 때
비로소 나는 깨달았다.
— 나도 숲에 가면 시인이 된다는 것을.

"나무는 말이 없지만,
그 침묵이 내 마음을 흔든다."

2025년 가을
황호림

숲에 가면 나도 시인

초판 1쇄 발행 2025년 12월 10일

지은이 황호림

펴낸이 임병천
펴낸곳 책나무출판사
출판신고 2004년 4월 22일 (제318-00034)

주소 서울시 영등포구 신길3동 325-70 3F
전화 02-338-1228 **팩스** 0505-866-8254
홈페이지 www.booktree.info

ⓒ 황호림 2025
ISBN 978-89-6339-761-0 03810

*이 책의 판권은 지은이와 책나무출판사에 있습니다.
*양측의 서면 동의 없는 무단 전재 및 복제를 금합니다.
*잘못된 책은 바꿔드립니다.